SPORTWAGEN 1950–1965

ALBERTO MARTINEZ – SERGE BELLU

Text und Bildgestaltung: M-F Castellani
Aus dem Französischen übersetzt: Renate Daric

MOTORBUCH VERLAG STUTTGART

FRANKREICH

Frankreichs Automobil-Industrie zehrte in den fünfziger Jahren noch von ihrem Vorkriegsglanz. Daran ist sie zugrunde gegangen. Alle großen Namen verschwanden nacheinander von der Bildfläche, weil sich die Hersteller den geänderten wirtschaftlichen und sozialen Gegebenheiten nicht anpassen konnten. Sie hielten krampfhaft an althergebrachten Verkaufs- und Fabrikationsmethoden fest und vergeudeten ihre verbliebenen finanziellen Mittel für den Bau unzeitgemäßer, überholter Modelle. Das glorreiche Ende dieser Automobil-Aristokratie bescherte noch einige Glanzstücke, bevor die legendären französischen Marken und ihre Zulieferfirmen gemeinsam in der stürmischen Nachkriegszeit untergingen.

DELAHAYE

Am Delahaye 235 wird die Dekadenz der großen französischen Marken am deutlichsten. Eine pseudo-moderne Karosserie auf einem aus einer anderen Epoche stammenden Fahrgestell. Diese Methode, Unvollkommenheiten zu vertuschen, war bei allen Vertretern der berühmten Vorkriegsmarken bis zuletzt festzustellen gewesen.
Der 1935 entstandene Delahaye 135 war ein prachtvolles Auto, das sich durch seine vielseitige Verwendbarkeit auszeichnete. Sein konstruktiver Aufbau machte es ihm möglich, an erlesenen Schönheitswettbewerben oder an hart umkämpften Rennen teilzunehmen. Allerdings kann man die Autos, die sich die ersten Preise in Enghien – zwischen einem Barsoi und einer Chanel-gekleideten Schönen – und die

Siege in Le Mans oder Monte Carlo holten, an den Fingern einer Hand abzählen...
Leider war der Typ 135 zwanzig Jahre später nicht mehr Mode, dabei hatte man die gleiche technische Basis für den 235 verwendet. Der 3,5 Liter-Sechszylinder-Langhubmotor konnte sich noch sehen lassen: Von drei Solex-Vergasern versorgt, leistete er 152 PS bei 4200/min. Das Längsträgerchassis war allerdings von veralteter Konzeption, es gehörte mit seinen vorne quer und hinten längs montierten Blattfedern einer anderen Eoche an. Selbst durch einen vorderen Rohr-Querträger verstärkt, durch hinzugefügte Messier-Stoßdämpfer und eine Spindel-und-Mutter-Lenkung modernisiert, hafteten dem 1951 auf der Pariser Ausstellung vorgeführten Fahrgestell noch die Zeichen einer Reliquie an.
Um diese veraltete Mechanik einzukleiden, hatte Delahaye den jungen Designer Philippe Charbonneaux engagiert, den ein kurzer Aufenthalt in Detroit, seine Mitwirkung am Mittelmotor-Konstruktionsprojekt des Piloten Jean-Pierre Wimille und... sein Bürstenschnitt bekannt gemacht hatten. Die wohlproportionierte Charbonneau-Karosserie konnte sich trotz der ungünstigen Rahmenabmessungen sehen lassen: Mit seinem Radstand von 2,95 m wurde das 1600 kg schwere Monstrum immerhin mit 160 km/h registriert.
Der italienische Karossier Motto stellte in schneller Reihenfolge die ersten drei Prototypen her; die Mehrzahl der 235-Karosserien, deren Gesamtproduktion von 1952 bis 1954 nur 83 Exemplare zählte, bauten allerdings die Franzosen Antem, Letourneux und Marchand. Andere Karosseriebauer, vor

Eleganz von damals: Das Cabriolet Delahaye 235, vom Karossier Antem für den Schauspieler Victor Francen hergestellt.

FRANKREICH

Behelfs-Karosserien für eine veraltete Mechanik: Der von Henri Chapron entworfene Delahaye 235 (oben) und der Bugatti 101 des Designers Gangloff.

allem Chapron, aber auch Figoni und Falaschi, Faget-Varnet, Saoutchik und sogar der Schweizer Beutler, schufen ihre eigenen Varianten, vorausgesetzt, sie respektierten den von Delahaye vorgeschriebenen, ovalen Kühlergrill. Das schönste aller 235er Modelle war die von Antem für den Schauspieler Victor Francen ausgeführte Cabriolet-Version, eine der ganz wenigen, die mit Eleganz über das vorsintflutliche Alter des Chassis hinwegtäuschten.

BUGATTI

Im August 1939 verunglückte Jean Bugatti bei einer Versuchsfahrt mit einem Panzer 57 auf der Straße nach Molsheim. Im August 1947 starb sein Vater, Ettore Bugatti, im amerikanischen Krankenhaus des Pariser Vorortes Neuilly... Eigentlich hätte die Firmengeschichte mit dem Untergang dieser Dynastie, der die geheimnisvolle Verbindung von Kunst und Technik gelungen war, ebenfalls beendet sein müssen, wenn der menschliche Wille nicht anders entschieden hätte. Die Bugatti-Erben entschlossen sich, weiterzumachen, und ein neues Modell herzustellen, das auf dem altmodischen Chassis des Vorkriegs-57 basierte. Ein Auto mit zwei an Blattfedern aufgehängten Starrachsen fand in den fünfziger Jahren nicht leicht Abnehmer, vor allem mit einem unerschwinglichen Preis und angesichts zahlreicher moderner Konkurrenzmodelle. Trotzdem ging man auf der Pariser Ausstellung 1951 dieses Wagnis ein. Dem elsässischen Karossier Gangloff fiel die undankbare Aufgabe zu, das riesige Längsträgerchassis (Radstand 3,30 m) einzukleiden. So entstand der Typ 101, der von dem alten 3,3 Liter-Achtzylinder (mit oder ohne Kompressor – 135 oder 190 PS) angetrieben wurde. Aber der Überlebensversuch scheiterte. Nach dem Salon 1952 mußte der Vertrieb des Bugatti 101 mangels Nachfrage eingestellt werden. Nur 7 Exemplare hatten Käufer gefunden, darunter 2 »Coaches« und 3 Gangloff-Cabrios. Trauriges Ende einer glorreichen Marke mit einer legendären Vergangenheit!

SALMSON

Der Ruf Salmsons war auf der Qualität seiner Motoren begründet. Wie anderen französischen Firmen blieb Salmson nach dem Krieg nur noch sein Ruf... und seine Motoren. 1950 wurde in Paris eine neue Version seines ganz aus Leichtmetall gefertigten 2,2 Liter-Vierzylinders mit doppelter obenliegender Nockenwelle vorgestellt. Aber es gab kein modernes Auto, das dieses brillanten Motors würdig gewesen wäre. Der Limousine »Randonnée« (1951–1953) fehlte es wirklich an Klasse. Der Doppelnockenwellen-Motor gehörte in einen Sportwagen. Dieser wurde 1953 als Coupé 2300 S vorgestellt. Mit seinem runden Dachaufbau war es zwar nicht besonders schön, aber es war der einzige französische Konkurrent der ausländischen GT-Modelle von der Klasse der Lancia und

**Unten:
Zwei Salmson 2300 S:
Das Chapron-Seriencoupé
und der einzige
von Motto entworfene
Roadster.**

Alfa. Der auf 2,3 Liter aufgebohrte Vierzylinder leistete 108 PS bei 5000/min und konnte – unterstützt von einem elektromagnetischen Cotal-Getriebe – mit akzeptablen Fahrleistungen aufwarten.
Nach einigen, vom Karossier Esclassan hergestellten Exemplaren, lief in der zweiten Hälfte des Jahres 1954 die Produktion des Salmson 2300 S im Karosseriewerk Chapron an. Sogar einige Cabrios gehörten zur Chapron-Produktion.
Für den Wettbewerb baute Salmson drei »Grand Sport«-Fahrgestelle vom Typ 2300 mit einem von 2,68 m auf 2,35 m verkürzten Radstand, die von Pichon-Parat eingekleidet wurden.
Salmson startete sogar in Le Mans mit zwei von Motto elegant karossierten Spezialanfertigungen: 1955 mit einem Spider und 1956 mit einem Coupé. Aber es war nur der Schwanengesang vor dem Ende... Im März 1957 wurde der letzte Salmson 2300 S geliefert.

PRODUKTION :

2300 S coupé	(1953-57)	227 ex.
2300 S cabriolet	(1954-57)	6 ex.
2300 S spider LM	(1955)	1 ex.
2300 SX coupé LM	(1956)	1 ex.
2300 GS	(1954)	3 ex.

FACEL-VEGA

Beim Karossieren der Autos anderer kam Jean Daninos, Bruder eines Romanautors, die Idee, daß er auch selber Autos entwerfen, herstellen und verkaufen könnte. So verwandelte sich der Karosseriebauer »Facel« 1954 in den Konstrukteur »Facel-Vega«. Es war ein ehrgeiziges Vorhaben, in dieser Übergangszeit, in der die großen Namen der französischen Automobilindustrie einer nach dem anderen untergingen, einen Platz in der Kategorie Luxusautos erobern zu wollen.
Aber Daninos hatte vernünftige Ideen. Er löste sich ganz von der Vergangenheit und baute ein völlig neues Fahrgestell mit Rohr-Längsträgern und einem etwas besseren Federungssystem (Blattfedern hinten, Schraubenfedern vorne). Der zuverlässige und leistungsstarke V8 stammte von Chrysler. Acht Monate nach seiner Vorführung im Juli 1954 mit einem 4,5 Liter-180 PS-V8 lief die Produktion des neuen »FVS« mit einem größeren 4,8 Liter-200 PS-Triebwerk an. Berühmt wurde Facel-Vega aber durch die immer deutlicher in Erscheinung tretende Eleganz seiner Modelle. Auf der Ausstellung 1955 konnte man eine Panorama-Wind-

Drei Entwicklungsetappen der Facel-Vega-Modelle: Ein besonders seltenes Cabriolet FVS-Facel-Vega Sport (linke Seite unten) ein Coupé Facel III mit Volvo-Motor (oben) und der prachtvolle Facel II (nächste Doppelseite).

3249-W-75

schutzscheibe bewundern, ein Jahr später erhielt die Front 4 Scheinwerfer. Gleichzeitig stieg der Hubraum des V8 auf 5,9 Liter an (250 PS) und wurde später bei gleichbleibender Leistung (253 PS) auf 4,9 Liter reduziert.
Der 1958 in Paris vorgeführte HK 500 hatte seine äußere Erscheinung beibehalten, zeichnete sich aber durch einen betont sportlichen Charakter aus: Sein 5,9 Liter-Motor leistete, je nach Version, 335 oder 360 PS, mit dem der Facel 240 km/h erreichte. Mit Halbheiten gab man sich bei Facel-Vega nicht ab! 1959 bedurfte es vier Dunlop-Scheibenbremsen, um den Boliden zu verlangsamen.
Die Pariser Ausstellung 1961 brachte eine neue Entwicklung: Auf den HK 500 folgte der Facel II mit einer phantastischen, riesigen Karosserie – glatt, glänzend und formvollendet. Mit seinen 390 PS entsprach das Leistungsniveau des 6,3 Liter-Motors (immer noch ein V8 von Chrysler) der sportlichen Gesamterscheinung, aber das inzwischen veraltete Fahrgestell hielt nicht mehr Schritt.
Mit dem Facel II blieb Frankreich in den höchsten Sphären der Automobilproduktion vertreten. Aber nicht für lange, denn in der Zwischenzeit hatte sich Facel-Vega mit dem kleinen Facellia in ein anderes, wenn auch weniger ehrgeiziges Abenteuer eingelassen. Dabei war die Ausgangsidee verlockend und erfolgversprechend gewesen: Der gelungene Entwurf des HK 500 sollte auf einen kleinen Typ 1600 übertragen werden. Aber der 1959 herausgebrachte Facellia kam wegen seines Motors sofort in schlechten Ruf. Der von Pont-à-Mousson gebaute 1646 cm³ große Vierzylinder mit zwei Nockenwellen erwies sich als leistungsstark, aber zu empfindlich. Facel-Vega wendete sich daher an andere Lieferanten: Volvo für den Facel III (4 Zylinder, 1780 cm³, 108 PS), dann an Austin für den Facel IV (6 Zylinder, 2852 cm³, 150 PS).
Vergebens. Der im Mai 1964 herausgebrachte Facel IV blieb der letzte Versuch. Danach gab es in Frankreich nie wieder ein GT-Modell der Spitzenklasse, dessen Konzeption so unzureichend war.

Modell	Produktionsdauer	Gesamtproduktion
FVS	1954–58	377 Ex.
HK 500	1958–61	465 Ex.
Facel II	1961–64	180 Ex.
Facellia	1959–63	1210 Ex.
Facel III	1963–64	619 Ex.
Facel IV	1964	32 Ex.

Der erste Talbot-Lago Grand-Sport 1948 auf der Ausstellung in Paris. Er ist hier mit einer Werkskarosserie auf einem Fahrgestell von 2,65 m zu sehen.

TALBOT

Das Erscheinen Anthony Lagos in der alten Fabrik des Pariser Vororts Suresnes im Jahr 1935 bedeutete die Rettung für Talbot, einer Firma mit einer seit Beginn des Jahrhunderts äußerst bewegten Geschichte. Während sich Bugatti, Delahaye und einige andere auf ihren Vorkriegslorbeeren ausruhten, nahm Talbot-Lago ein ehrgeiziges Sportprogramm in Angriff. Lago hatte es gleichzeitig auf Grand Prix-Rennen und auf Zuverlässigkeits-Wettbewerbe abgesehen, die er mit ein und demselben Fahrzeug bestritt, dem Typ »26 GS«, dessen Glanzleistung 1950 der Sieg in Le Mans wurde.
Von diesem Rennwagen stammte auch eine Reihe von GT-Fahrzeugen ab, deren erstes Exemplar auf dem Pariser Salon 1948 vorgestellt wurde. Dieser »zivile« T26 GS besaß eine Coupé-Karosserie von ziemlich einfallsloser Linienführung, die von Talbot selbst für ein Fahrgestell mit einem Radstand von 2,65 m entworfen worden war. Später erhöhte man diesen Radstand auf 2,80 m, um den Karosseriefirmen die Arbeit zu erleichtern. Bald entschloß man sich bei Talbot, die kostspielige Methode der Einzelanfertigungen aufzugeben, bei der jedes einzelne Fahrgestell unter großem Aufwand handwerklich eingekleidet wurde. 1953 führte Lago in Paris den »Lago Grand Sport« (T26 GSL) vor. Dieses viersitzige, moderne und sportlich-aggressiv karossierte Coupé hatte eine »Standardkarosserie« erhalten, die

Das Coupé Talbot-Lago America mit BMW-Motor.

von Carlo Delaisse stammte, einem trotz hervorragender Entwürfe, vor allem für Letourneur und Marchand, wenig geschätzten Designer.
Der Radstand war auf 2,90 m verlängert worden, aber das Triebwerk wies wieder die Hauptmerkmale des 4,5 Liter-Sechszylinder-Leichtmetall-Rennmotors mit seinen beiden, im Block untergebrachten Nockenwellen auf. Dank seiner bei 4500/min abgegebenen 210 PS und mit Hilfe eines Wilson-Vorwählgetriebes erreichte der schwere Talbot-Lago Grand Sport eine Höchstgeschwindigkeit von 190 km/h. Hier lag auch der schwache Punkt, denn der neue GT wog mit seinem zu großen Längsträgerchassis die Fahrleistung mindernden 1650 kg.
Anthony Lago verlor keine Zeit mit hoffnungslosen Fällen. 1955 präsentierte er bereits sein neues Modell mit der unverändert vom Vorgänger T26 GSL übernommenen, aber bedeutend kleiner proportionierten Karosserie. Dieser neue Lago Sport 2500 wies einen auf 2,50 m verkürzten Radstand und einen modernisierten Rohrrahmen auf, bei dem eine Querblattfeder vorne die beiden Schraubenfedern abgelöst hatte. Dieses wesentlich leichtere Modell, das weniger als 1000 kg wog, wurde von einem 2,5 Liter-120 PS-Vierzylinder angetrieben, der, wie sein Vorgänger, über zwei Nockenwellen verfügte. Das Getriebe stammte von ZF oder Pont-à-Mousson. Leider schadete die Anfälligkeit des Motors dem Ruf des ansonsten brillanten Modells. Um den amerikanischen Markt zu erobern, ersetzte Lago im September 1957 den Talbot T14 LS-Motor durch einen V8 von BMW, dessen Hubraum auf 2476 cm^3 reduziert worden war. Mit 125 PS und 190 km/h konnte sich der »Lago America« sehen lassen – trotzdem war das Ende nicht mehr weit: Im Dezember 1958 ging Talbot an Simca über.
Als hätte man ihm tatsächlich den Gnadenstoß versetzen wollen, war das attraktive Coupé mit einem von Chambord entworfenen, seitengesteuerten V8 von Simca ausgerüstet worden! Im Oktober 1960 war Talbot zum letzten Mal auf einer Ausstellung vertreten. Zwei Monate später starb Anthony Lago. Er hatte in seiner von Kaufleuten übernommenen Fabrik nichts mehr zu suchen.

Modell	Produktionsdauer	Gesamtproduktion
T26 GS (2,65 m)	1948–50	26 Ex.
T26 GS (2,80 m)	1950–53	10 Ex.
T26 GSL (Grand Sport)	1953–55	46 Ex.
T14 LS (Sport 2500)	1955–57	54 Ex.
Lago America (BMW)	1957–58	12 Ex.
Lago (V8 Simca)	1959–60	5 Ex.

Alle Trümpfe des Talbot-Lago Grand Sport: Ein leistungsfähiger 4,5 l-Motor, eine originelle Karosserie von Carlo Delaisse und ein Wilson-Vorwählgetriebe (man beachte den Wählhebel rechts am Lenkrad).

POINT MORT 0 1 2 3 4

DEUTSCHLAND

In den ersten Nachkriegsjahren baute sich Deutschland wieder eine solide, leistungsfähige aber weitgehend glanzlose Automobilindustrie auf. In diesem realistischen Konstruktionsprogramm war kein Platz für Grand-Tourisme-Frivolitäten, und die wenigen Ausnahmen hatten daher um so mehr Gewicht. Sie zeugten von einer meisterlichen Beherrschung der Technik und waren Symbole eines zielstrebigen Aufstiegs, der sich in drei berühmten Markenzeichen zusammenfassen läßt.

MERCEDES-BENZ

Anfang der fünfziger Jahre machte die Firma Daimler-Benz einen großen Schritt nach vorne. 1952 war sie wieder im Rennbetrieb vertreten und holte sich im gleichen Jahr den Sieg in Le Mans sowie im Panamerikanischen Rennen. Der 300 SL-Siegerwagen wurde der Ahnherr einer einzigartigen Sportwagenserie.
Ab 1951 bezeichnete die Kennziffer 300 im Mercedes-Katalog eine luxuriöse Limousine. Im Oktober 1951 erschien eine Sportversion 300 S des im April herausgebrachten Basismodells 300. Gleichzeitig waren auch die Ambitionen größer geworden: Von 115 PS des 3 Liter-Sechszylinders war die Leistung auf 150 PS angestiegen!
Trotz seiner veralteten Linienführung mit den noch nicht im Fahrzeugrumpf integrierten, wuchtigen Kotflügeln hatte das Cabriolet 300 S unbestritten Klasse. Obwohl man es ihm nicht ansah, kam der 300 S auf den neu gebauten Autobahnen schnell voran – man erreichte damals 176 km/h. 1955 stieg die Leistung des Sechszylinders durch den Einbau eines Einspritzsystems auf 175 PS.
Aber dieses klassisch-strenge Modell wurde von einem anderen 300 verdrängt, dem phantastischen 300 SL! Faszinierend, sprungbereit und doch plötzlich wieder fast graziös, wenn sich die beiden Flügeltüren öffneten und Zutritt zu einem engen, überhitzten Cockpit gewährten – so wirkte dieser aggressiv-brutale Sportwagen von seltener Originalität. Nachdem man über die hohen, breiten Flanken in das Cockpit gelangt war, konnte man es sich auf einem schottisch gemusterten Sitz bequem machen und sich einem einzigartigen Fahrgenuß hingeben. Der 300 SL hatte nie einen ebenbürtigen Nachfolger bekommen, weder bei Mercedes noch anderswo. Auch seine ungewöhnliche, von Karl Wilfert entworfene Karosserie fand nicht mehr ihresgleichen, so wenig wie die hochgezüchtete Mechanik.

Modell	Produktions dauer	Gesamt-produktion
300 S	1952–58	760 Ex.
300 SL (Flügeltüren)	1954–57	1400 Ex.
300 SL	1957–63	1858 Ex.

Der erste serienmäßig gebaute Mercedes 300 SL.

AW 27-20011

DEUTSCHLAND

Anfang und Ende der 300er Baureihe: Der 300 S (rechte Seite) und der 300 SL mit Leichtmetallkarosserie und überdurchschnittlichen Fahrleistungen. (unten)

300 RH 45

Rechte Seite oben:
Der 300 SL als Roadster – eine wenig verbreitete Variante.

Der 300 SL war und blieb ein prachtvoller Ausnahmefall im Automobilbau. Unter seiner langgestreckten, harmonisch proportionierten Motorhaube befand sich ein um 45° geneigter Reihen-Sechszylinder mit schimmernden Einlaßkanälen. Der mit einer direkten Bosch-Einspritzung versehene 3 Liter-Motor besaß Trockensumpfschmierung und gab seine Leistung von 215 PS bei 5800/min ab. Aber es kam noch schöner: Eine 29 Exemplare zählende Kleinserie des 300 SL hatte eine Alu-Karosserie erhalten und die Motorleistung stieg bei diesem Leichtgewicht auf 240 PS! Die Mechanik: Ein kunstvoller Gitterrohr-Rahmen, innenbelüftete, großdimensionierte Bremstrommeln, hinten Eingelenk-Pendelachse.
Der im Februar 1954 in New York vorgeführte 300 SL mit Flügeltüren wurde nur drei Jahre lang gebaut. Der Nachfolger erhielt wieder klassische, allerdings praktischere Türen und wurde als Cabriolet herausgebracht. Im März 1961 vollendeten Scheibenbremsen die zivilere Aufmachung des neuen 300 SL.

PORSCHE

Dr. Ferdinand Porsche besaß ein ausgeprägtes Gespür für günstige Gelegenheiten. Er hatte immer im richtigen Moment seine populären Autos, seine einsitzigen Rennwagen oder seine zu Kriegszwecken gebauten Gelände- oder Amphibienfahrzeuge herausgebracht und fragte sich nach dem Krieg, müde und untätig, was denn jetzt wohl gefragt wäre.
Das war zu jenem Zeitpunkt ein volkstümlicher Wagen mit sportlicher Note, der diesmal den Stempel des Professors Ferdinand Porsche trug. Das erste Porsche-Cabriolet 356 wurde 1947 entworfen und 1948 entwickelt. Man hatte sich dabei deutlich von der VW-Konzeption entfernt, denn das neue Modell war flacher und niedriger und besaß einen Rohrrahmen mit Mittelmotor. Das war zwar fortschrittlich, aber zu teuer. Eine zweite, Ende 1948 herausgebrachte Coupé-Version des Typs 356 kam mit ihren, den mageren Nachkriegsjahren angemesseneren Lösungen, dem Serienmodell schon näher. Die Karosserie stammte von Erwin Kommenda auf der Basis eines 1939 für das Rennen »Berlin – Rom« – das nie stattgefunden hatte – angefertigten Projekts »64«. Der 1086 cm³-40 PS-Motor hatte wieder seinen ursprünglichen Platz eingenommen, d.h. im hinteren Teil eines Plattformrahmens mit seitlichen Kastenträgern.
Der eigentliche Verkauf des Typs 356 begann im März 1949 unter den Lichtern der Automobilausstellung in Genf. Etwa ein Jahr lang wurden die Porsche in einer kleinen Werkstatt im österreichischen Gmünd gebaut, während einige Cabriolets bei Beutler in der Schweiz entstanden.
1950 wurde die Produktion in der Nähe von Stuttgart fortgesetzt. Die Karosserien – bisher in Leichtmetall – bestanden jetzt aus Stahlblech und stammten von der Firma Reutter. Das kleine Coupé 356 mit seinem kurzen Chassis (2,10 m) fand besonders großen Anklang bei einer sportlich ambi-

tionierten Kundschaft, die seine Wendigkeit bei gleichzeitiger Wirtschaftlichkeit schätzte. Porsche verstärkte weiter den sportlichen Anspruch seiner Modelle. 1951 erschienen die Versionen 1300 (44 PS) und 1500 (60 PS). Der ein Jahr später herausgebrachte 1500 Super wurde mit 70 PS angegeben. Gleichzeitig wurde das firmeneigene VW-Getriebe, das dem stetigen Leistungsanstieg nicht gewachsen war, durch eine vollsynchronisierte Kraftübertragung ersetzt.

Im September 1955 trat der 356 A die Nachfolge des ersten Typ 356 an. Die Baureihe bestand in diesem Jahr aus dem 1300 (44 PS), 1300 S (60 PS), 1600 (60 PS) und 1600 S (75 PS), die alle von Varianten des kleinen, luftgekühlten VW-Vierzylinders angetrieben wurden. Zusammen mit dem 356 A stellte Porsche seinen neuen Carrera vor, der erste einer langen Reihe berühmter Sportwagen. Der 1500 GS-Motor des Carrera leistete mit seinen vier obenliegenden Nockenwellen – je nach Motorvariante – 105 oder 110 PS. Bald darauf wurde der Hubraum auf 1600 cm³ erhöht, womit die Leistung auf 105/115 PS anstieg. Äußerlich zeichnete sich die neue Carrera-Version des Typ 356 A durch einige gefällige Details aus, wie eine gewölbte Windschutzscheibe und eine größere Spurbreite.

In der Zwischenzeit, d.h. im Vorjahr (1954), hatte mit der Entstehung des Speedster ein bedeutsames Ereignis in der Laufbahn des 356 stattgefunden. Nur ein symbolischer Windschutz ragte über die nach allen Seiten gerundeten Formen dieses offenen Sportzweisitzers hinaus und lenkte den lauen Wind der kalifornischen Küstenebene über den Kopf der Insassen hinweg. Denn dieses in jeder Hinsicht luftige Fahrzeug war den Amerikanern buchstäblich auf den Leib geschneidert worden. Der 1954 als offene Variante der 356er Reihe entstandene Speedster (der später ebenfalls die Typenbezeichnung 356 A erhalten hatte), wurde 1958 durch ein weniger charak-

Zehn Jahre liegen zwischen dem etwas fülligen Porsche 356 A (oben als Cabriolet mit aufgezogenem Verdeck) und dem 356 C mit straffterer Linienführung (linke Seite unten) als Coupé.

DEUTSCHLAND

Der »Speedster« von Porsche – wie geschaffen für den lauen Wind im kalifornischen Malibu.

CALIFORNIA
LKJ 281

Verschiedene Stilrichtungen für die gleiche Ausgangsbasis: Der großartige BMW 507 (rechte Seite), das etwas schwerfälligere Cabriolet 503 und der von Bertone entworfene, elegante 3000 CS (rechte Seite unten).

teristisches »Drauz«-Cabriolet ersetzt. Der Aufstieg in die höchsten Sphären vollzog sich mit dem im September 1959 herausgebrachten 356 B. Zu diesem Zeitpunkt wurden nur noch zwei Motortypen gebaut, der 1600 mit seinen drei Varianten (Normal: 60 PS, Super: 75 und 90 PS) und der Carrera 1500 GS mit seinen vier obenliegenden Nockenwellen und einer Leistung von 115 PS. Das neue Modell verfügte

Modell	Produktionsdauer	Gesamtproduktion
356 (Gmünd)	1948–50	46 Ex.
356 (Stuttgart)	1950–55	7627 Ex.
356 A	1955–59	15523 Ex.
356 A Carrera	1955–59	700 Ex.
356/356 A Speedster	1954–58	4822 Ex.
356 B	1959–63	30593 Ex.
356 B Carrera GT	1960–61	40 Ex.
356 B Carrera GTL	1960	20 Ex.
356 B Carrera 2	1961–63	310 Ex.
356 C	1963–65	16542 Ex.
356 C Carrera 2	1963–64	126 Ex.

über eine vergrößerte Glasfläche und höhergelegte Stoßstangen. 1961 erhielt der Carrera einen 130 PS leistenden 2 Liter-Motor, mit dem er eine Spitzengeschwindigkeit von 200 km/h erreichte. 1960 hatte sich Porsche sogar mit Abarth zusammengetan, um in kleiner Serie ein Wettbewerbsmodell zu bauen, den »1600 GS Carrera GTL«.

Der 356 C stellte die letzte Etappe der 356er Baureihe dar und wurde so lange gebaut (1963 bis 1965), bis die Produktion des neuen Porsche 911 angelaufen war. Der 356 C besaß vier Scheibenbremsen und wurde mit drei Motorvarianten angeboten: 1600 C (75 PS), 1600 SC (95 PS) und Carrera 2 (130 PS). Die Laufbahn des 356 hatte »nur« 17 Jahre gedauert – der Porsche 911 übertraf diesen Rekord bei weitem!

BMW

Als der Frieden wieder hergestellt war, ging es mit den Bayerischen Motoren Werken dem Ende zu. Das Werk in Eisenach lag in ostdeutschem Gebiet und war von den Russen beschlagnahmt worden. Die Münchener Fabrikanlagen waren zu 90% zerstört. Ohne ausreichenden Raum, Geld und Personal vegetierte BMW dahin – bis zum Erscheinen der Limousine 501 im Jahr 1951.

Aber erst mit der Einführung des 507 auf der Frankfurter Ausstellung 1955 gewann BMW einen Teil seines früheren Markenimages zurück. Der neue BMW zeigte sich mit einer von Albrecht Goertz, einem Amerikaner deutscher Abstammung entworfenen, besonders gelungenen Karosserie, wies aber leider auch die allen BMW-Limousinen eigenen, unzulänglichen strukturellen Merkmale auf: Den gleichen Rohrrahmen, die gleiche hintere Starrachse und den gleichen einfachen Motor. Es handelte sich um einen kipphebelgesteuerten, 150 PS leistenden, 3,2 Liter großen V8 – Werte, die sich neben den Leistungen des nur wenig teureren Mercedes 300 SL, der außerdem noch vom Glorienschein zweier Weltmeistertitel umgeben war, eher bescheiden ausnahmen.

In technischer Hinsicht war der 507 deshalb eine Enttäuschung, was sich in schlechten Verkaufsziffern niederschlug. Mit der gleichen Zurückhaltung wurde der klassische und etwas gekünstelt aussehende 503 (Coupé und Cabriolet) begrüßt, dessen Entwurf ebenfalls von Goertz stammte, sowie das von Bertone karossierte Coupé 3200 CS. Dieses 1961 in Frankfurt vorgeführte, elegante viersitzige Coupé war immer noch mit der veralteten technischen Basis der Limousine 3200 behaftet.

Modell	Produktionsdauer	Gesamtproduktion
507	1955–59	252 Ex.
503	1955–59	413 Ex.
3200 CS	1961–65	538 Ex.

LU·6508

ITALIEN

Zwei Pininfarina-Karosserien auf einem 250 GT-Kurzchassis von Ferrari: Der Spider California und die Sportberlinetta.

Italien ist die eigentliche Heimat der GT-Fahrzeuge. Hier hat sich die Verbindung von Technik und Ästhetik ungehindert zur vollkommenen Harmonie entfalten können. Italien, Treffpunkt erfinderischer Ingenieure und der schöpferischsten Designer, kann mit der größten Auswahl an Grand Tourisme-Modellen aufwarten.

Trotz all ihrer großen, eng mit dem Rennsport verbundenen Namen, hat sich die italienische Automobilindustrie nicht damit begnügt, Elite-Autos für eine Elite-Kundschaft zu bauen, sondern sie hat es verstanden, das von ihr geprägte Grand Tourisme-Konzept auch auf die Modelle der erschwinglicheren Preisklassen auszudehnen.

FERRARI

Gleich von Anfang an hatte Enzo Ferrari seine Automobilproduktion auf dem Markt durchsetzen können, weil er seine Grand Tourisme-Fahrzeuge direkt von den Rennwagen ableitete! Daher war die Grenze zwischen Produktions- und Rennwagen bei Ferrari in den ersten Jahren nicht deutlich erkennbar. Fest steht jedoch, daß seine Modelle gleich 1948 auf der Ausstellung in Turin ihre Käufer fanden, und zwar mit dem Erscheinen des von Touring nach der »Superleggera« genannten Leichtbauweise (Alubleche auf einem Gitterwerk aus Rohren schmalen Querschnitts) karossierten Coupés 166 Inter. Sein 2 Liter-Motor war einer der ersten Prototypen der phantastischen V12-Baureihe, die auf den Ingenieur Gioacchino Colombo zurückzuführen ist.

Mit dem Erscheinen des 195 Inter (2,3 Liter) und anschließend des 212 Inter (2,6 Liter) wurde der Karosseriefabrikant Touring durch ein äußerst produktives Team ersetzt – Vignale, den Handwerker und Michelotti, den Designer. Auch Pininfarina kleidete mit dem 212 Inter zum ersten Mal ein Ferrari-Fahrgestell ein. Die Zusammenarbeit Ferrari-Pininfarina nahm im Oktober 1953 mit dem 250 Europa feste Formen an. Ein Jahr später löste der 250 GT den 250 Europa ab. Sein 3 Liter-Kurzhub-V12 gehörte zur Colombo-Baureihe (der Motor des Vorgängers »Europa« war eine Version der Lampredi-Baureihe mit exakt quadratischem Bohrung/Hub-Verhältnis). Gleichzeitig hatte man den Radstand des neuen 250 GT von 2,80 m auf 2,60 m verkürzt.

Im März 1956 entwarf Pininfarina eine neue Karosserie für den 250 GT, die jedoch von Boano und später von Ellena hergestellt wurde. Im Oktober 1958 stellte Pininfarina ein Coupé mit besonders schlichter Linienführung vor, dessen schmucklose Flanken nur von einer leicht konvexen Profilkante unterstrichen wurden. Mit diesem 250 GT hatte Ferrari den ersten Schritt von der »maßgeschneiderten« handwerklichen Fertigung zur serienmäßigeren Fabrikation getan.

In der Zwischenzeit, d.h. ab 1954, war vom 250 GT eine Rennsport-Berlinetta abgeleitet worden. 1956 holte sich die-

se Rennvariante den ersten der 9 in 9 aufeinanderfolgenden Jahren davongetragenen Siege in der Tour de France, die dem neuen Ferrari im Laufe der Zeit seinen Beinamen gegeben hatte.
Auf der Pariser Ausstellung 1960 debütierte eine neue Berlinetta-Version des 250 GT, die ein Markstein in der Geschichte der Zusammenarbeit Ferrari-Pininfarina wurde. Pininfarina war es besser denn je gelungen, die Eleganz des Karosserieentwurfs dem sportlichen Charakter des Modells anzupassen. Der anläßlich des 24 Stunden-Rennens 1960 für einen Rahmen mit langem Radstand (2,80 m) angefertigte Entwurf war auf das neue Modell mit Kurzchassis (2,60 m) übertragen worden. Der Kunde konnte zwischen einer Tourenversion mit Stahlblechkarosserie und einer Rennversion mit Leichtmetall-Karosserie wählen. Das Triebwerk gab 280 PS bei 7000/min ab.
Die großartige Baureihe des 250 GT ging im Juni 1960 mit dem 250 GTE 2+2 zu Ende. Wenn Pininfarina nicht aufs neue ein Entwurf geglückt wäre, der dem sportlichen Image Maranellos in jeder Beziehung gerecht wurde, hätte dieser Viersitzer als Abkehr vom anfangs erwähnten Konstruktionsprinzip gewertet werden können. Tatsächlich hatte man sich zum ersten Mal mit zwei zusätzlichen Rücksitzen um größeren Innenraumkomfort bemüht. Aber der 240 PS-Motor zeugte eindeutig von der wahren Natur der Ferrari-Modelle.
Schon im März 1957 gab es in der 250 GT-Baureihe eine offene Version, deren Entwurf ebenfalls von Pininfarina stammte, der aber bis 1962 ständig geändert wurde. Gleichzeitig baute Ferrari ein sportlicheres Modell, den Spider California, für den man die technische Basis der Sport-Berlinetta verwendet hatte: Langchassis und 250 PS-Motor. Von 1957 bis 1959 betrug der Radstand 2,60 m, und zwischen 1960 und 1962 stellte ein 3,40 m großes Fahrgestell und ein 280 PS-Motor die Ausgangsbasis für die 250 GT-Karosserien dar.
Der allerletzte 250 GT nannte sich 250 GTL »Lusso«, verfügte über ein Kurzchassis mit zwei Sitzplätzen und blieb nur kurze Zeit in Produktion. Außer den in relativ großen Stückzahlen gebauten 250 GT-Typen bot Ferrari immer in Kleinserien angefertigte, hubraumgrößere, stärkere und exklusivere Modelle an. 1952 machte der 342 America den Anfang (4,1 Liter/200 PS), 1953 gefolgt vom 375 America (4,5 Liter/300 PS), von denen Pininfarina die meisten als Sport-Berlinettas einkleidete.
Mit dem Super America von 1956 stieg der Hubraum weiter an, und zwar auf fast 5 Liter (4962 cm³ und 340 PS). Für die Vorderradfederung sorgten endlich Schraubenfedern anstelle der Querblattfedern und die Karosserie zeigte etwas zivilere Linien. Später stieg die Motorleistung um weitere 20 PS an (360 PS) und der Radstand wurde wieder um 20 cm verkürzt (2,60 m).
Der 1960 herausgebrachte Nachfolger 400 SA besaß einen 2,42 m großen Rahmen (der 1962 auf 2,60 m verlängert wurde), einen 340 PS-4 Liter-Motor und Scheibenbremsen an allen Rädern.
Mit den letzten Super America ver-

Anhaltspunkte in der Geschichte der Ferrari-Modelle. Linke Seite von oben nach unten: 212 Inter, das erste Produkt aus der Zusammenarbeit Ferrari-Pininfarina, 375 America, von Scaglietti für den Regisseur Rossellini karossiert, einer der wenigen 410 Super America und der 250 GT als erster, 1958 »serienmäßig« gebauter Ferrari. Oben: Der 250 GTE 2+2 von 1960.

ITALIEN

Die phantastische Rennberlinetta 250 GT mit dem Beinamen »Tour de France«, der ihr wegen der 9 in diesem Rennen errungenen Siege gegeben wurde: Von 1956 bis 1959 mit Langchassis, von 1960 bis 1962 mit der hier abgebildeten Karosserie und von 1963 bis 1964 mit dem GTO.

LU 6508

ITALIEN

Ein schönes, aber verkanntes italienisches GT-Modell: Der Fiat 2 Liter-V8.

schwanden auch die letzten Vertreter einer Epoche, in der Konstrukteure und Karosseriefirmen sich noch die Zeit nahmen, Einzelanfertigungen auf Wunsch herzustellen!

Modell	Produktions-dauer	Gesamt-produktion
166 Inter	1948–51	38 Ex.
195 Inter	1951	25 Ex.
212 Inter	1951–53	80 Ex.
250 Europa	1953–54	22 Ex.
250 GT Coupé PF	1954–55	44 Ex.
250 GT Boano	1956–57	80 Ex.
250 GT Ellena	1957–58	50 Ex.
250 GT Coupé	1958–60	350 Ex.
250 GTE 2+2	1960–63	950 Ex.
250 GT/L Lusso	1962–63	80 Ex.
250 GT Compétition	1956–59	74 Ex.
250 GT Berlinetta	1959–62	156 Ex.
250 GT Cabriolet	1957–62	240 Ex.
250 GT Spider California	1957–62	107 Ex.
342 America	1952–53	6 Ex.
375 America	1953–54	12 Ex.
410 SA	1956–59	35 Ex.
400 SA	1960–62	18 Ex.

FIAT

Es wird allgemein angenommen, daß Fiat keine außergewöhnlichen Autos baut. Es heißt, der Firma fehle dafür das unverkennbare Image. Dabei hatten die Turiner Techniker oft versucht, mit dieser vorgefaßten Meinung aufzuräumen. Ende des Jahres 1949 arbeitete der brillante Ingenieur Dante Giacosa am Projekt eines V8-Motors mit obenliegenden Nockenwellen, Zylinderreihen im 70°-V-Winkel und überquadratischem Bohrung/Hub-Verhältnis. Das Resultat war ein 2 Liter-Motor, der sich mit einer Leistung von 105, später 115 PS begnügte.

Zum ersten Mal besaß Fiat ein Modell mit vier einzeln aufgehängten Rädern. Auf der Ausstellung in Genf 1952 wurde der komplett entwickelte Prototyp schlicht unter der Bezeichnung »8 V« vorgeführt. Die aerodynamische Karosserie aus Leichtmetall (Alublechen) war das Werk Fabio Luigi Rapis, der 1949 nach seinen Entwürfen für die Prototypen Isotta Fraschini, 8C Monterosa, bei Fiat eintrat.

Die Frontpartie wurde nach einer 30 Exemplare zählenden Nullserie geändert (jeweils zwei versetzt montierte Scheinwerfer). Von den 114 zwischen 1952 und 1954 gebauten Fiat-Fahrgestellen wurden etwa 20 von Zulieferfirmen wie Bertone, Vignale, Pininfarina und vor allem von Zagota eingekleidet. Elio Zagato war sogar einer der unermüdlichsten Piloten des Fiat-8V.

Die eng mit Fiat zusammenarbeitende

Firma Siata hatte außerdem 50 Fahrgestelle des Typs »8V« gekauft, um sie als Basis für das Modell Siata 208 zu verwenden, das einen stärkeren 122 PS-Motor sowie ein Fünfganggetriebe erhielt und von Bertone oder Stabilimenti Farina eingekleidet wurde.
Schade, daß Fiat seine Bemühungen im Sportwagenbau, wo er Lancia und Alfa ebenbürtig war, nicht weitergeführt hat.

MASERATI

Diese beiden Maserati haben nur ein einziges gemeinsames Merkmal: Die Eleganz ihrer Erscheinung. Oben ein von Vignale entworfener Spider 3500 GT mit Sechszylinder-Motor. Unten ein von Monterosa karossiertes Coupé 5000 GT-V8.

Der Maserati A6 war in einer Übergangszeit entstanden, in der die Firmenleitung von den Brüdern Maserati auf die Familie Orsi überging. Der A6 stellte daher den Bruch mit einer ganz dem Rennbetrieb und handwerklich-empiristischen Fabrikationsmethoden geweihten Vergangenheit dar. Mit ihm begann die eigentliche Grand-Tourisme-Produktion.
Ein erster Prototyp A6 wurde bereits 1946 in Betrieb genommen, aber erst auf der Ausstellung in Genf 1947 begann die eigentliche Laufbahn dieses Maseratis. Dem von Pininfarina entworfenen A6 mangelte es an sportlichem Charakter, mit seinem 65 PS leistenden Sechszylinder und einer einzelnen, obenliegenden Nockenwelle. Das entsprach nicht dem Markenimage, das sich Maserati im Rennbetrieb errungen hatte.
Die auf der Pariser Ausstellung vorgeführte Weiterentwicklung A6 G 2000 stellte mit einem 100 PS-Motor eine leichte Verbesserung dar. Pininfarina und Frua kleideten die meisten Fahrgestelle dieses Typs ein.
Die Ankunft des Ingenieurs Gioacchino Colombo im August 1952 beschleunigte die Weiterentwicklung des A6 G 2000. Diesem brillanten Techniker und ehemaligen Mitarbeiter von Alfa Romeo war es zu verdanken, daß Maserati im Rennsport wieder an der Spitze lag. Gleichzeitig entwickelte er eine zivilere Version des für die Sportbarketta 16 GCS konzipierten Doppelnockenwellen-Motors. Die Ventilsteuerung geschah über eine Kette und nicht mehr über einen Zahnradsatz, aber die überquadratischen Abmessungen des Blocks waren unverändert geblieben. Die Leistung stieg – je nach Version – auf 120 oder 150 PS.
Der A6 G 2000, aus dem A6 G54 geworden war, erhielt zwei verschiedene Karosserietypen: Eine schnell in Vergessenheit geratene Coupé-Version von Allemano und eine Sportberlinetta von Zagato – ein Meisterwerk automobilistischen Stylings. Die attraktiven Rundungen hatten zu einer auch für den Wettbewerb wie geschaffenen Formgebung geführt. Allerdings luden die 150 PS bei 6000/min ebensowenig zu gemütlichen Spazierfahrten ein, wie das noch nicht synchronisierte Getriebe oder die sportlich hart abgestimmte Federung. Der A6 G54 war nicht für zaghafte Naturen geschaffen. Vielleicht war das der Grund, weshalb nur wenige Exemplare Abnehmer fanden.
Der letzte A6 wurde 1957 geliefert, ein Jahr, in dem die Firmengeschichte eine neue Wende nahm. Nachdem Juan Manuel Fangio für Maserati seinen letzten Weltmeistertitel geholt hatte, stieg die Firma aus dem Rennbetrieb aus, um sich nur noch der Produktion zu widmen. 1957 wurde in Genf der 3500 GT vorgestellt, der den Geschäftserfolg Maseratis begründete. Sein 3,5 Liter-Sechszylinder-Doppelnockenwellen-Motor war von Giulio Alfieri entworfen worden. Seine Leistung belief sich anfangs auf 226/230 PS. Wie beim A6 hatte Maserati hin-

ITALIEN

Brutal und brillant: Der Maserati A6 G 54 mit seinem 2 Liter-Doppelnockenwellen-Motor und seiner Zagato-Karosserie ist die etwas zivilere Variante eines reinrassigen Rennwagens.

929 DCG·75

Zwei Alfa mit zwei Touring-Karosserien aus zwei verschiedenen Epochen: Ein Coupé 1900 Sprint, Baujahr 1951 und ein Spider 2000, Baujahr 1958. Rechte Seite: Der Alfa Romeo Giulietta mit Bertone-Karosserie (Coupé Sprint) und ein von Pininfarina eingekleideter Alfa-Spider.

sichtlich des Federungssystems an althergebrachten Lösungen festgehalten: Eine hintere Starrachse und Halbelliptikfedern. Das Fahrgestell mit seinem unverändert gebliebenen Rohrrahmen war von Touring mit einer geradlinigen, schlichten Coupé-Karosserie eingekleidet worden. Vignale stellte eine offene Version her, ein besonders elegantes, 1959 eingeführtes Cabriolet, das mit einem 1961 verkürzten Radstand kompakter wirkte. Dieses Kurzchassis wies bereits auf das Coupé »Sebring« hin.
Zwischen 1959 und 1964 hatte Maserati ebenfalls ein in kleiner Serie gebautes, besonders teures Modell angeboten, den 5000 GT mit Coupé-Karosserie, der von einem 350 PS leistenden V8 angetrieben und als Sonderauftrag von Allemano, Touring, Frua und verschiedenen anderen Firmen karossiert worden war.

Modell	Produktionsdauer	Gesamtproduktion
A6 1500	1946–50	60 Ex.
A6 G 2000	1951–53	16 Ex.
A6 G54	1954–57	59 Ex.
3500 GT Coupé	1957–65	1981 Ex.
3500 GT Spider	1959–64	242 Ex.
5000 GT	1959–64	32 Ex.

ALFA ROMEO

Bis 1950, als der 1900 herausgebracht wurde, war Alfa Romeo ein mit handwerklichen Methoden arbeitendes, kleines Unternehmen. Herz und Verstand konzentrierten sich mehr auf den Rennkalender als auf den Produktionsanstieg.
Mit dem 1900 kam der Wendepunkt. Dieser erste selbsttragend konzipierte Alfa war gleichzeitig auch das erste in großer Serie gebaute Modell. Die neue Produktionspolitik schloß moderne technische Lösungen wie Schraubenfedern und obenliegende, doppelte Nockenwellen nicht aus. Ab 1951 wurde die Baureihe durch eine »1900 Sprint« genannte Sportversion bereichert, die einen leistungsstärkeren 100 PS-Motor und Spezialkarosserien von Touring (Coupé) oder Pininfarina (Cabriolet) erhielt. Vier Jahre später erschien der 1900 Super Sprint. Sein Motor war von 1884 auf 1975 cm³ aufgebohrt worden und gab, versorgt von zwei Doppelvergasern, seine 115 PS bei 5500/min ab. Er war mit einem Fünfganggetriebe verblockt. Das Cabriolet war von der Bildfläche verschwunden und das Touring-Coupé zeigte sich mit einer verfeinerten, eleganteren Linienführung.
1958 löste der Alfa 2000 mit einem unveränderten 1975 cm³ großen und 115 PS leistenden Motor den Typ 1900 ab. Anfangs bot Alfa neben der Limousine 2000 nur eine einzige Sportversion an, die von Touring eine Cabrio-Karosserie erhalten hatte. Die Anhänger der Marke mußten bis 1960 warten, bevor sie die von Giorgetto Giugiaro entworfene und von Bertone eingekleidete Coupé-Variante des Typs 2000 Sprint erwerben konnten. Aber Alfa, wo man sich bislang weitgehend auf eine Elite-Produktion beschränkt hatte – und zwar sowohl was die Qualität als auch die Quantität betraf – verdankte seinen eigentlichen Aufstieg der einige Jahre zuvor herausgebrachten, populären »Giulietta«.
Der Erstgeborene der Giulietta-Familie war der 1954 – d.h. ein Jahr vor der Limousine 1900 Super Sprint – vorgestellte »Sprint«. Dieses Coupé stellte einen Wendepunkt in der Geschichte »seines« Karosseriebauers Bertone dar. Mit ihm machte Bertone seiner experimentellen Außenseiter-Tätigkeit ein Ende und avancierte zum »Karosseriefabrikanten«. Gleichzeitig profitierte der neue Giulietta Sprint vom Talent Franco Scagliones, eines Designers von Spitzenniveau, der avant-

gardistische Stilstudien, aber auch realistischere Entwürfe ausarbeiten konnte. Scaglione war seit 1951 Chef-Designer bei Bertone.

Der Giulietta Sprint wurde von einem attraktiven kleinen 1,3 Liter – 65 PS-Doppelnockenwellenmotor angetrieben, zu dem sich 1956 eine etwas stärkere (90 PS), »Sprint Veloce« genannte Version gesellte.

Im September 1955 vervollständigte ein Pininfarina-Spider die Modellreihe, von dem im folgenden Jahr, wie beim Coupé Sprint, eine leistungsstärkere Spider Veloce-Version abgeleitet wurde.

Außer diesen beiden besonders erfolgreichen Coupé- und Spider-Serienversionen bot Alfa verschiedene Spezialanfertigungen an, zu denen als erste der 1957 in Turin vorgestellte Sprint Speciale gehörte. Seine von Franco Scaglione entworfene Bertone-Karosserie zeichnete sich durch einen verkürzten Radstand und spitz zulaufende Linien in Front und Heck aus, die zu einem aggressiveren und windschlüpfigeren Profil geführt hatten. Der sportliche Charakter des 1,3 Liter-Motors war durch den Einbau von zwei Doppelvergasern betont worden, welche die Leistung auf 100 PS erhöhten. Dieser brillante Motor war mit einem Fünfganggetriebe verblockt. So ausgerüstet, erreichte der Sprint Speciale die vielbegehrte 200 km/h-Grenze.
Wie das Coupé Sprint und der Spider wurde der Giulia SS nach 1962 mit einem 1,6 Liter-Motor versehen und unter dem Namen »Giulia« weitergebaut.

Die leistungsstärkste Giulietta-Version stammte von Zagato und war in einer Zeit entstanden, in der sein Karosseriestil den Höhepunkt an Originalität erreicht hatte. Diese Giulietta SZ war, wie der SS-Vorgänger, eine Berlinetta mit extra-kurzem Radstand (2,25 m gegen 2,38 m des Sprint), kompakt und daher handlich und wendig. Dieses mit einer Leichtmetallkarosserie versehene Nervenbündel wog nicht mehr als 770 kg. Wie der SS hatte der SZ den 100 PS-Motor und das Fünfganggetriebe erhalten. Die 30 letzten, 1962 gebauten Exemplare, zeichneten sich durch einen längeren Front- und Heck-Überhang sowie durch ein Stummelheck aus. Sie wiesen bereits auf den »Giulio Tubulare« hin, ein anderes, interessantes Kapitel in dem reichhaltigen Alfa-Katalog!

Modell	Produktions-dauer	Gesamt-produktion
1900 Sprint	1951–55	950 Ex.
1900 Super Sprint	1955–58	854 Ex.
1900 Cabriolet PF	1952–54	42 Ex.
2000 Spider	1958–61	3443 Ex.
2000 Sprint	1960–62	704 Ex.
Giulietta Sprint	1954–62	24084 Ex.
Giulietta Sprint Veloce	1956–62	3058 Ex.
Giulietta Spider	1955–62	14300 Ex.
Giulietta Spider Veloce	1956–62	2796 Ex.
Giulietta SS	1957–62	1366 Ex.
Giulietta SZ	1960–62	200 Ex.

22 50 DE 92

ITALIEN

Aus dem genialen Entwurf Franco Scagliones ist dieser Sprint Veloce von Alfa mit seinen reizvollen Rundungen und den originellen Flanken entstanden.

ITALIEN

LANCIA

Der Aurelia B20 war mehr als eine schlichte Variante der Aurelia-Limousine. An ihm konnte man die Entstehung des Grand Tourisme-Konzepts und die immer engere, auf Freundschaft basierende Zusammenarbeit von Konstrukteur und Karossier (Lancia und Pininfarina) bis zur industriellen Produktionsphase verfolgen.
Der Aurelia GT (B20 nach der offiziellen Typenbezeichnung), wurde 1951, d.h. ein Jahr nach der Aurelia-Limousine auf der Turiner Ausstellung vorgeführt. Von der Limousine hatte man die technischen Strukturen übernommen, mit den beiden Glanzstücken, dem Motor und der Hinterachskonstruktion. Der 60°-V6, von Francesco Virgilio entworfen, leistete mit einem 2 Liter-Hubraum 80 PS, ein eher bescheidener Wert, weshalb der V6 bald (1953) auf 2,5 Liter aufgebohrt wurde und damit 115 PS leistete, wobei sich die Spitzengeschwindigkeit von 162 auf 185 km/h erhöhte.
Die Getriebe-Differentialeinheit mit zu beiden Seiten des Differentials montierten Scheibenbremse (in-board) verlieh dem etwas gekünstelt aussehenden Coupé die nötige technische Ausgewogenheit.
Das Cabriolet B24, das 1954 die Baureihe erweiterte, stammte zwar auch von Pininfarina, hatte aber wesentlich gefälligere Linien. Der Radstand war von 2,65 m auf 2,54 m reduziert worden. Die ersten Modelle zeichneten sich durch Panoramafenster und originelle Stoßstangen aus, während die folgenden B24 wieder klassischere Bauteile erhalten hatten. Nach einem Karrierebeginn mit gelegentlichen sportlichen Einsätzen nahm der Aurelia ein immer strengeres, schmuckloseres Aussehen an. 1954 wurde die Schraubenfeder-Hinterachse durch eine De Dion-Achse mit Halbelliptikfedern ersetzt.
Die leider mit zu unauffälligen, schmucklosen Karosserien versehenen, eleganten, ausgewogenen und leistungsstarken Aurelia-Modelle hatten weder zu Lebzeiten, noch nach Produktionsende Begeisterung geweckt. Wer eben sein Licht allzulange unter den Scheffel stellt...
Das gleiche Schicksal erwartete auch die Flaminia-Nachfolger, die ebenfalls das Publikum gleichgültig ließen.

Im November 1958, d.h. zwei Jahre nach der Einführung der Limousine, stellten Pininfarina und Touring ihre sportliche Interpretation des Typs in Form eines Coupés und einer GT-Version vor. Das Pininfarina-Coupé war ein Modell klassischer Formgebung und Strenge, während der für einen kürzeren Radstand (von 2,75 m auf 2,52 m) entwickelte GT das klarste und reinste Profil besaß, das man sich vorstellen kann. Auf der Ausstellung in Genf 1960 stellte Touring auch eine offene Version vor, die sich durch die gleiche, vollkommene Harmonie ihrer Linien auszeichnete. Der Flaminia-Motor war vom Aurelia-Vorgänger übernommen worden. Es handelte sich um den unveränderten 2,5 Liter-V6, der im Coupé PF 117 PS und im GT 119 PS leistete. 1963 erreichte der Hubraum 2,8 Liter und die Leistungen beliefen sich auf 140 und 146 PS.

Auf der Ausstellung in Turin führte Touring einen GTL 2+2 vor – eine Version von größerer Bauhöhe, die aber dadurch nicht gewonnen hatte...

Auch Zagato hatte – wie Pininfarina und Touring – die Turiner Ausstellung 1958 zur Einführung seines auf der Basis des Flaminia entwickelten Modells gewählt. Alle stilistischen Merkmale Zagatos waren hier mit ihren ausschweifenden Rundungen und gleichzeitig brutalen Stilelementen vertreten. Der Motor des Flaminia Sport war unverändert vom GT-Vorgänger übernommen worden. Er leistete von 1958 bis 1961 119 PS, 140 PS von 1961 bis 1963 und 146 PS mit einer 2,8 Liter-Variante.

Die Zagato-Berlinetta überlebte die anderen Modelle der Flaminia-Baureihe unter der Bezeichnung Super Sport in einer leistungsstärkeren (148 PS) und besser profilierten Weiterentwicklung.

Modell	Produktionsdauer	Gesamtproduktion
Aurelia B20	1951–58	2402 Ex.
Aurelia B24	1954–58	756 Ex.
Flaminia Coupé	1958–68	5235 Ex.
Flaminia GT	1958–65	1718 Ex.
Flaminia Cabriolet	1960–64	848 Ex.
Flaminia GTL	1963–65	300 Ex.
Flaminia Sport	1958–64	443 Ex.
Flaminia Super Sport	1964–67	150 Ex.

Zwei prachtvolle Lancia-Cabriolets: Links der Pininfarina-Aurelia B24, rechts das von Touring eingekleidete Cabriolet Flaminia.

73QW37

73
QW 37
F

Linke Seite: der Aurelia B20, rechts der Flaminia Super Sport.

SPANIEN

Zehn Jahre nach dem Bürgerkrieg brauchte das noch immer ausgeblutete Spanien eine Automobilindustrie. Dem Franzosen Gabriel Voisin erschloß sich damit ein Absatzmarkt für seinen »Biscooter«, ein geniales Kleinauto, während die Firma ENASA anfing, unter der Marke »Pegaso« Nutzfahrzeuge zu bauen. Aber Spanien brauchte auch ein Symbolobjekt, Zeuge seines Wiederaufbaus. Das Pegaso-Markensymbol, ein geflügeltes Pferd, zierte eine Zeitlang die Haube eines hundertprozentig spanischen GT-Modells. Ein Bindeglied zum italienischen schwarzen Pferd auf gelbem Grund?

Der in Barcelona geborene Ingenieur Wilfredo Ricart kehrte im Anschluß an einen Aufenthalt bei Alfa Romeo (1936–45) nach Kriegsende in seine Heimat zurück. Während seiner Zeit bei Alfa hatte er einige Entwürfe für Rennwagen ausgearbeitet, die jedoch nie verwirklicht wurden. Bei Pegaso entwickelte er ein kompromißloses Fahrzeug nach den allerletzten Erkenntnissen. Der ganz aus Leichtmetall bestehende V8 besaß zwei im Zylinderkopf liegende und durch ein kompliziertes Verzahnungssystem angetriebene Nockenwellen und natriumgekühlte Ventile. Der zuerst in einer 2,5 und 2,8 Liter-Version angebotene Pegaso-Motor wurde später auf 3,2 Liter aufgebohrt und erhielt zusätzlich noch einen Kompressor, mit dem seine Leistung auf 285 PS anstieg.

Im Hinblick auf eine optimale Gewichtsverteilung war das Fünfganggetriebe nach hinten verlegt worden, in die Mitte einer auf Drehstäbe wirkenden und von zwei Längslenkern sicher geführten De Dion-Hinterachse. Ein besonders robuster Plattformrahmen erhöhte die Widerstandsfähigkeit des Fahrwerks.
Der erste Pegaso Z 102 wurde 1951 in Paris mit einer etwas schwerfällig anmutenden Karosserie vorgestellt. Bereits im nächsten Jahr kleideten andere Karosseriefirmen die Pegaso-Fahrgestelle ein, unter ihnen der Franzose Saoutchik mit einem überladenen Stil und der Italiener Touring, der schlichtere Hüllen schuf.
Im Oktober 1955 führte Pegaso den konstruktiv weniger aufwendigen Z 103 ein, der sich mit einem großen, kipphebelgesteuerten V8 begnügte, den die Firma in einer 4-, 4,5- und 4,7-Liter-Version anbot. Aber 1958 entschloß sich Pegaso, seine Produktionskapazität auf den Bau von Lastwagen zu konzentrieren, denn für eine werbewirksame Rennpolitik, die den Verkauf gewinnbringender Produktionswagen hätte fördern können, fehlten die Mittel. Insgesamt hatten also weniger als 100 Exemplare das alte Fabrikgebäude in Barcelona verlassen, von denen jedes Modell teurer, schöner und einmaliger war, als der Vorgänger.

Oben: Der erste Pegaso Z-102 mit einer Werkskarosserie. Linke Seite: Die elegantere, von Touring für Pegaso eingekleidete Berlinetta.

GROSSBRITANNIEN

Aston Martin DB 2/4.

Die englischen Sportwagen haben ihren ganz eigenen, altmodischen Charme. Hier kann es nicht die oft ältere Technik mit den Verlockungen der Grand Tourisme-Welt aufnehmen. England hat seinen Weg eher im lederbezogenen, winddurchwehten Cockpit seiner sportlichen Roadster gefunden. Doch selbst die unbequemsten Sportwagen vermitteln ihren Fahrern einen unvergleichlichen Fahrgenuß und die fast sinnliche Freude, hinter dem Lenkrad jede Reaktion des Fahrzeugs ungefiltert zu spüren.

ASTON MARTIN

Im Februar 1947 erwarb David Brown die im Anzeigenteil der Times zum Verkauf angebotene Firma Aston Martin. Dieser kleine, distinguierte Herr befand sich damit an der Spitze eines mächtigen Konzerns, der Zahnradsätze, Schaltgetriebe und Traktoren baute. Der erste Aston Martin der David Brown-Ära erschien im Mai 1950 (der Vorläufer DB1 war nur ein ungeschickter Versuch). An diesem DB2 wurde der neue Geist der Aston-Automobile deutlich: Dieses rassige, luxuriöse und trotzdem sportliche Modell war nicht nur für eine Handvoll Liebhaber, sondern für eine breitere Käuferschicht und sogar für den Export geschaffen worden. Das Coupé DB2 stammte in gerader Linie von den 1949 in Le Mans gestarteten und von Frank Feeley entworfenen Rennwagen ab. Unter der riesigen Haube – die gesamte Front klappte auf – atmete ein Doppelnokkenwellen-Sechszylinder, den Walter Owen Bentley während des Krieges für Lagonda entwickelt hatte (Lagonda war ebenfalls von David Brown gekauft worden). Es handelte sich um einen robusten und geschmeidigen 2,6 Liter-Motor, mit dem der DB2 177 km/h erreichte.
Im Oktober 1950 brachte Aston eine offene Version heraus und kurz darauf, im Januar 1951, ein leistungsstärkeres, »Vantage« genanntes 125 PS-Modell. Im Oktober 1953 erschien der weiterentwickelte DB2/4 mit zwei Notsitzen im Heck und einem aufklappbaren Rückfenster, das auf die spätere funktionelle Hecktür hinwies. Der anfangs serienmäßig mit dem 125 PS-Motor ausgestattete DB2/4 erhielt 1954 ein 140 PS leistendes 3 Liter-Triebwerk. Mit den Tickford-Karosserien begann ein Jahr später die zweite Etappe (Mark II) dieses Typs.
Im März 1957 erschien der DB Mark III (nicht zu verwechseln mit der Rennversion DB3) mit – zuerst nur auf Wunsch erhältlichen – Scheibenbremsen an den Vorderrädern und einem 162 PS-Motor. Er war an seinem eleganter entworfenen Kühlergrill zu erkennen.
Eine ganz neue Entwicklung brachte der 1958 in London vorgestellte DB4, der in Italien von Touring entworfen worden war. Auch sein Motor war eine Neuschöpfung, ein von Ingenieur Tadek Marek entwickelter 3,7 Liter-Sechszylinder, der 240 PS leistete. Außerdem bezog Aston Martin zu diesem Zeitpunkt ein neues Fabrikgebäude in Newport Pagnell. Obwohl der neue, geräumigere und komfortablere DB4 für einen neuen Käuferkreis konzipiert worden war, wurde Aston Martin seinen Rennambitionen nicht untreu. Im September 1959 verkündete die Firma die Produktionsaufnahme eines leichteren DB4 mit verkürztem Fahrgestell und einem 302 PS-Motor. Für dieses Kurzchassis dachte sich Zagato eine prachtvolle Karosserie aus, bei der sich Anmut und Aggressivität in vollkommener Harmonie ergänzten.
Mit dem Abschied vom DB4 GT zog sich Aston Martin auch vom Rennbetrieb zurück. Der 1963 herausgebrachte 4 Liter-DB5 hatte der sportlichen Vergangenheit den Rücken gekehrt und zeigte sich von einer ganz neuen Seite.

Modell	Produktions-dauer	Gesamt-produktion
DB1	1948–50	15 Ex.
DB2	1950–53	401 Ex.
DB2/4	1953–55	565 Ex.
DB2/4 MK II	1955–57	199 Ex.
DB Mark III	1957–59	551 Ex.
DB 4	1958–63	1 110 Ex.
DB 4 GT	1958–63	75 Ex.
DB4 GTZ	1960–63	19 Ex.

JAGUAR

London, im Oktober 1948. In dieser Epoche hielt die britische Automobilindustrie einige Überraschungen bereit. Das Schlimmste war Seite an Seite mit dem Besten zu sehen. Neben einer beklagenswerten Automobilproduktion, die größtenteils aus veralteten, wiederverwerteten Vorkriegslimousinen bestand, tauchten einige besonders attraktive neue Modelle auf. Ganz vorne lag der eindeutig vom BMW 328 inspirierte Jaguar XK 120, der aber für die Nachwelt das Musterbeispiel eines Roadsters blieb. Hinzu kam, daß sein Motor hielt, was das Äußere versprach: Willliam Heynes, von 1935 bis 1969 Mitarbeiter bei Jaguar, hatte mit Hilfe des Ingenieurs Walter Hassan einen gußeisernen Sechszylinder mit zwei im Zylinderkopf liegenden Nok-

Ein britischer Stil für dieses Aston-Martin-Cabriolet DB 2/4. Die beiden Coupés DB4 und DB4 GTZ stammen allerdings von kontinentalen Karosseriefabrikanten: Touring (Mitte) und Zagato (unten).

Jaguar-Roadster:
XK 120 oben
und Typ E.

C&R
Clothiers

Der Jaguar-Roadster XK 150 und das Coupé E gehören zwei verschiedenen Epochen an.

kenwellen entworfen, der mit einem Hubraum von 3 Litern 160 PS bei 5200/min abgab. Weniger fortschrittlich war das Chassis mit schwerfälligen Längsträgern, kleinen Schraubenfedern hinten und Drehstabilisatoren vorne – technische Raffinessen gab es hier nicht.

Die Entwicklung der XK-Baureihe verlief in zwei gegensätzliche Richtungen: Die Ästhetik verschlechterte sich mit der Zeit, während sich der technische Aufbau verbesserte. So verfügte der XK 140 im Jahr 1954 über einen stärkeren Motor (190 PS) und eine Zahnstangenlenkung, während schwerfällige Stoßstangen das Erscheinungsbild störten.

Mit dem XK 150 wurden 1957 die Scheibenbremsen eingeführt. Gleichzeitig wurde die Karosserie wuchtiger, die Kotflügel ausladender, die Windschutzscheibe immer auffälliger.

Und eines schönen Märzmorgens des Jahres 1961 kam der Wendepunkt: Vergangenes war vergessen und man fing in Sachen Ästhetik wieder ganz von vorne an: Vor den erstaunten Blikken der Öffentlichkeit erschien der Typ E. Malcolm Sayer, der bereits die Rennversionen C und D entworfen hatte, zeichnete mit einigen genialen Bleistiftstrichen eine langgestreckte, rassige Silhouette mit ausgewogenen Proportionen.

Eigentlich stammte der Jaguar E vom Prototyp E2A ab, den Briggs Cunningham 1960 in Le Mans eingesetzt hatte. Der als Coupé und Cabriolet angebotene Typ E wurde von einem auf 3,8 Liter aufgebohrten, 265 PS leistenden Motor der XK-Reihe angetrieben, mit dem der neue Jaguar eine Höchstgeschwindigkeit von 240 km/h erreichte.

Auch der Unterbau des Typ E war ganz neu überarbeitet worden: Der Jaguar besaß Einzelradaufhängung und doppelte Schraubenfedern hinten, sowie vier Scheibenbremsen, von denen die beiden hinteren an beiden Seiten des Differentials lagen. Im Oktober 1964 wurde der Sechszylinder auf 4,2 Liter vergrößert.

Im März 1966 gesellte sich ein geräumigeres, viersitziges Modell zur Baureihe, und damit verschlechterte sich wieder das Aussehen der E-Typen, von denen der letzte 1971 einen V12-Motor erhalten hatte, bis zur Produktionseinstellung im Jahr 1975.

Aber werfen wir kurz einen Blick in die ersten Jahre des Typ E zurück, um die »Lightweight«-Version zu erwähnen und die Epoche 1950–65, die uns hier interessiert, mit einer besonders gelungenen Realisation abzuschließen: Diese Leichtgewicht-Version war für den Renneinsatz konzipiert und mit einem 3,8 Liter-Leichtmetall-Motor mit Trockensumpfschmierung und Lucas-Einspritzung versehen worden, mit dem dieser Rennwagen eine Leistung von 325 PS erreichte.

Modell	Produktionsdauer	Gesamtproduktion
XK 120	1948–54	12055 Ex.
XK 140	1954–57	8951 Ex.
XK 150	1957–61	9398 Ex.
E-Type 3,8	1961–64	15490 Ex.
E-Type 4,2 S1	1964–68	22920 Ex.
E-Type 4,2 S2	1968–70	18820 Ex.
E-Type Lightweight	1963–64	15 Ex.

BENTLEY

Bentley hatte sein sportliches Image lange behalten. Seine 5 Siege in Le Mans (1924, 1927–1930) hatten diesen Ruf auf Jahrzehnte hinaus gefestigt, obwohl die Erinnerung daran seit der Übernahme der Firma im Jahr

1931 durch Rolls Royce langsam in Vergessenheit geraten war. Dann tauchte im Februar des Jahres 1962 der »Continental Sports Saloon« auf, der die Bilder einer sportlichen Vergangenheit wieder heraufbeschwörte. Sportlich waren an diesem, von der R-Limousine abgeleiteten Continental allerdings nur sein Name und die Linien des langen, sich verjüngenden Hecks.

Im September 1955, fünf Monate nach dem Erscheinen des »S«, entstand eine weitere Continental-Version, die in drei verschiedenen Ausführungen angeboten wurde: Als Coupé (von H.J. Mulliner karossiert), als Cabriolet (von Park Ward) und als Limousine. Der technische Aufbau blieb der gleiche wie bei den anderen Bentley-Modellen. Erst 1957 verzeichnete der Motor der Continental-Baureihe einen Leistungszuwachs von 13%, die er größeren Einlaßventilen und einer höheren Verdichtung verdankte. Allerdings kannte man nicht den Bezugswert dieser 13%, denn Rolls-Royce machte keine Angaben über die Leistung seiner Modelle!

1959 wurde der 4,9 Liter-Sechszylinder durch einen Leichtmetall-Motor mit einem Hubraum von 4,2 Liter ersetzt, der etwa 200 PS leistete. Mit dieser Serie 2 debütierten ebenfalls zwei neue, von Park Ward entworfene »Ponton«-Karosserien. Zum ersten Mal tauchte damit im Rolls-Bentley-Verkaufskatalog eine Karosserie mit integrierten Kotflügeln auf. Selbst England verlor allmählich seinen Sinn für Tradition!

Modell	Produktionsdauer	Gesamtproduktion
R Continental	1952–55	208 Ex.
S Continental	1955–60	431 Ex.
S2 Continental	1960–62	388 Ex.
S3 Continental	1962–66	312 Ex.

BRISTOL

Die 1947 von der Flugzeugindustrie abgezweigte Automobilabteilung der »Bristol Aeroplane Company« begann ihre Laufbahn mit der Modernisierung der Mechanik des Vorkriegs-BMW 327, vor allem seines 1971 cm³ großen Sechszylinders.

Die Bristol-Automobilproduktion begann mit dem etwas verklemmt aussehenden Coupé 400, dem 1949 ein besser geglückter, von Touring eingekleideter 401 folgte. Ein echter Sportwagen wurde aber erst 1953 mit dem Typ 404 herausgebracht, der ein Kurzchassis erhalten hatte. Von dieser Zeit an fand die Rennaktivität der Marke (Formel 2 und in Le Mans) auch in der Sportwagenproduktion ihren Niederschlag.

Dank seiner guten aerodynamischen Formgebung erreichte das Coupé mit der bescheidenen Leistung von nur 105 PS eine Geschwindigkeit von 170 km/h. Mit den nächsten Modellen, den Limousinen und Cabrios vom Typ 405, dann mit dem Coupé 406, spezialisierte sich Bristol in der Kategorie der großen, komfortablen Tourenwagen. Die einzigen Ausnahmen bestanden in einigen wenigen, von Zagato auf den Chassis 406 (mit einem 2,2 Liter-Sechszylinder) und 407 (5,1 Liter-V8) eingekleideten Sportberlinettas und den Spezialanfertigungen von Wacky Arnolt. Dieser Industrielle aus Chicago hatte Herstellung und Vertrieb einiger in Kleinserie gebauter Sportwagen unternommen, die bei Bertone auf der Basis des Bristol 404 eingekleidet und

Zwei Beispiele vorbildlichen Karosseriestylings: Der von Park Ward entworfene Bentley Continental S2 und der von Bertone entworfene Roadster Arnolt-Bristol.

LA GRANDE CASCADE

Das Coupé Continental von Bentley mit fließenden, gestreckten Linien.

Colin Chapman mit dem Lotus Elite, seinem ersten GT-Modell.

mit der stärksten, 130 PS leistenden Motorvariante ausgestattet wurden. Was beweist, daß Wagemut und Unternehmungsgeist meist von Erfolg gekrönt sind.

Modell	Produktionsdauer	Gesamtproduktion
400	1947–50	700 Ex.
401	1949–53	650 Ex.
402	1949–53	25 Ex.
403	1953	300 Ex.
404	1953–55	40 Ex.
406	1958–61	300 Ex.
406/407 SZ	1958–61	8 Ex.
ARNOLT	1954–64	142 Ex.

LOTUS

Colin Chapman hing 1956 noch mit einem Teil seines Herzens an jener Pionierzeit, in der er am Steuer der ersten, auf der Basis der Austin Seven-Fahrgestelle zusammengebastelten Lotus auf verschlammten Pisten Trial fuhr. Jetzt dachte er allerdings daran, einen Lotus-Touren-Sportwagen – oder genauer gesagt – ein Auto für verschiedene Ansprüche zu entwikkeln. So entstand der 1957 auf der Ausstellung in London vorgeführte, bemerkenswerte Lotus Elite. Sein Entwurf war Peter Kirwan-Taylor anvertraut worden, einem unabhängigen, in der Flugzeugindustrie ausgebildeten Mitarbeiter. Die technische Basis war jedoch dem Erfindergeist Colin Chapmans zu verdanken. Es handelte sich um eine originelle Konzeption, denn der Lotus Elite besaß die erste selbsttragende Kunststoff-Karosserie, die ihm eine optimale Steifigkeit verlieh. Die Schwingarmfederung (vorne gleich zu Anfang serienmäßig, hinten ab Serie 2) war nach dem Vorbild des Formel 2-Einsitzers ausgeführt worden. Der Motor vom Typ FWE stammte von Coventry Climax. Dieser unverhältnismäßig kleine (1216 cm³) Vierzylinder mit einer obenliegenden Nockenwelle leistete nur 75 PS, aber der strömungsgünstige, ultraleichte Elite (560 kg) erreichte trotzdem 185 km/h.
Der für den Rennbetrieb, oder zumindest für eine sportliche Fahrweise konzipierte Lotus Elite verfügte über einen spartanischen Innenraum und eine etwas dürftige Ausstattung. Der Lotus besaß zum Beispiel keine versenkbaren Fenster, sondern Einsteckfenster, die in einer in der Rückseite der Sitzlehne befindlichen Tasche aufbewahrt wurden. Dagegen sorgten vier Scheibenbremsen, von denen die beiden hinteren am Differential lagen, für wirksames Verlangsamen.
Die eigentliche Serienproduktion lief erst 1960 an, nachdem das neue Werk in Cheshunt fertiggestellt war. Im September 1963 wurde die Produktion eingestellt. Insgesamt waren nur 1030 Exemplare entstanden. Ab 1962 löste das Cabriolet »Elan«, ein zivileres, nicht ausschließlich für den Sporteinsatz konzipiertes Modell den Lotus-Elite ab.

MG

Obwohl der »Midget« fast zum nationalen Symbol geworden war, hatte er in den fünfziger Jahren mit dem Fortschritt nicht mitgehalten. Dabei hatte man mehrmals versucht, die veraltete Karosserie zu modernisieren, unter der sich eine Mechanik verbarg, die mit Spitzentechnik wenig gemeinsam hatte. Der erste Versuch, in sportliche Regionen vorzustoßen, wurde 1951 in Le Mans gemacht, und zwar mit einem Spider, den Syd Enever für George Philips entworfen hatte. Die drei 1955 ebenfalls in Le Mans angetretenen Rennbarkettas vom Typ EX 182 stellten einen weiteren Versuch dar und waren wegbereitend für den im gleichen Jahr herausgebrachten MGA.
Glücklicherweise besaß der neue MGA eine gefällige Karosserie, denn seine Mechanik war eher dürftig (Blattfedern

hinten). Der 1489 cm³ große Motor leistete 72 PS, womit der MGA eine Geschwindigkeit von 160 km/h erreichte. Der Hubraum wurde regelmäßig vergrößert: 1959 stieg er auf 1588 cm³ und 1961 auf 1622 cm³ an. In der Zwischenzeit fand mit dem MGA Twin Cam ein wirklicher Modernisierungsprozeß statt, denn sein 1588 cm³-Triebwerk besaß, wie sein Name sagt, eine doppelte Nockenwelle, mit der es 107 PS bei 6500/min abgab. Außerdem wies der Twin Cam vier Scheibenbremsen auf.
Er verschwand 1960 aus dem Produktionsprogramm, während der »normale« MGA 1962 durch den MGB ersetzt wurde. Da der Fortschritt in England oft mit unerklärlichen Rückschritten einhergeht, besaß das äußerlich dem »kontinentalen« Geschmack angepaßte Cabriolet wieder einen kipphebelgesteuerten, 1,8 Liter großen, trägen Vierzylinder, dessen Leistung 95 PS nicht überstieg.

Modell	Produktionsdauer	Gesamtproduktion
MGA 1500	1955–59	58750 Ex.
MGA 1600	1959–61	31501 Ex.
MGA 1600 MK II	1961–62	8719 Ex.
MGA Twin Cam	1958–60	2111 Ex.

TRIUMPH

An dieser Stelle sei kurz eine erfreuliche Geschichte wiedergegeben – von der logischen und folgerichtigen Entwicklung in 8 Etappen – der TR-Baureihe. Diese Geschichte fing mit dem TR1 an. Allerdings war dies eine nachträglich eingeführte Bezeichnung, denn damals, auf der Londoner Ausstellung 1952, wurde er unter dem Namen »Triumph Sports Car« oder unter der Werks-Typenbezeichnung »20 TS« eingeführt. Es handelte sich nur um einen Salon-Prototyp, aber der Karosserie-Entwurf Walter Belgroves überzeugte bereits, und das endgültige Serienmodell war schon deutlich zu erkennen. Dieser Produktionswagen nannte sich TR2 und war ein exquisiter, kleiner, von einem Vierzylinder angetriebener Roadster. Sein von den Modellen Triumph Renown und Standard Vanguard übernommener Motor war von 2088 auf 1991 cm³ verkleinert worden, womit er 90 PS bei 4800/min abgab. Hinsichtlich der Federung gab es beim Serienmodell nichts Neues. Der TR2 besaß Blattfedern hinten und Schraubenfedern vorne. Der Erfolg des neuen Triumph beruhte auf der Verbindung einer unkomplizierten Sportkarosserie mit einem »handfesten« Sportmotor.
Mit dem 1955 herausgebrachten TR3 wurde dank einer anfangs 95, später 100 PS leistenden Antriebseinheit die 100 Meilen-Grenze (160 km/h) erreicht. Als letzte technische Raffinesse erhielt der TR3 im Herbst 1956 Scheibenbremsen an den Vorderrädern!
1958 erschien der TR3 A, dessen Roadsterkarosserie leider ein verbreiterter Kühlergrill entstellte. Der in Europa unbekannte TR3 B war für den amerikanischen Markt konzipiert worden, bevor der TR4 fertig entwickelt war, dessen Synchrongetriebe und Motor er bereits erhalten hatte.
Der TR4 erschien 1961, und zwar mit einer neuen, vom Stilisten Giovanni Michelotti entworfenen Karosserie. Michelotti hatte sich zuvor an den Triumph-Modellen »Herald« und den 1960 und 1961 in Le Mans eingesetzten Spider »TRS« geübt, deren Hauptmerkmale bereits auf den TR4 hinwiesen.
Der neue Triumph hatte eine Zahnstangenlenkung, ein vollsynchronisiertes Getriebe und einen stärkeren Motor erhalten, der mit einem Hubraum von 2138 cm³ 100 PS bei 4600/min leistete. Die Schattenseite des TR4 verschwand erst 1965 mit dem Erscheinen des Nachfolgers TR4 A, der endlich über einzeln aufgehängte Hinterräder verfügte. Damit verbesserte sich auch die vorher unsichere Straßenlage, zumal der Motor 4 PS mehr leistete. Der Michelotti-Entwurf diente den beiden nächsten Modellen noch als Ausgangsbasis (TR5 und TR6 – 6 Zylinder/2,5 l), während der TR7 (4 Zylinder/2 l) und der TR8 (V8/3,5 l)

Der Prototyp Triumph TR1, 1952 auf der Ausstellung in London.

GROSSBRITANNIEN

Zwei typisch britische, populäre Roadster: Der MGA und der Triumph TR3 A.

93

K.P.H.

mit einer englischen Karosserie debütierte. Dann kam das Ende, bevor Triumph Gefahr lief, einem in Lizenz gebauten Honda als Namensgeber zu dienen.

Modell	Produktionsdauer	Gesamtproduktion
TR1 (20 TS)	1952	1 Ex.
TR2	1953–55	8628 Ex.
TR3	1955–57	13377 Ex.
TR3 A	1957–61	58236 Ex.
TR3 B	1962	3331 Ex.
TR4	1961–65	40253 Ex.
TR4 A	1965–67	28465 Ex.

AUSTIN HEALEY

Donald Healey war ein Mensch von schier unerschöpflichem Ideenreichtum, vor allem beim Ersinnen ungewöhnlicher technischer Kombinationen. Er zählte zu den ersten Europäern, die mit dem Einbau eines amerikanischen Motors in ein europäisches Fahrgestell eines dieser berühmt-berüchtigten Zwitterfahrzeuge geschaffen hatten. Nach Ablauf seines Vertrages mit Nash wandte Healey sein Interesse Austin zu. Aus dieser Verbindung entstand der erste, 1952 in London vorgestellte Austin-Healey. Sein 2660 cm³ großer Motor (der vom Austin A90 stammte) leistete nur 90 PS, aber die Roadster-Karosserie dieses Typ 100 übte schon gleich einen unwiderstehlichen Reiz aus.

Im September 1956 gesellte sich mit dem 2,6 l-Sechszylinder des Austin »Westminster« Leistungsfähigkeit zum Charme. Er war zwar kaum stärker als der Vierzylinder des Typ 100 (102 PS bei 4600/min), dafür aber wesentlich elastischer im Fahrbetrieb. Die eigentliche Leistungsspritze wurde im November 1957 verpaßt, womit der »100/Six« 117 PS und 175 km/h erreichte.

Die Hubraumentwicklung ging mit der Version 3000 (2912 cm³) weiter, die – abgesehen von einer besseren Leistung (124 PS) – bereits in das Gebiet der Spitzentechnik vorstieß. 1961 sorgten Dreifachvergaser für optimale Gemischaufbereitung, womit die Leistung auf 131 PS anstieg. Am Ende seiner Laufbahn im Jahr 1967, erreichte der Austin Healey 3000, aus dem Mark III geworden war, eine Spitzengeschwindigkeit von mehr als 185 km/h. Dann wurde er in Gnaden entlassen und durch den MGC mit seinem zweifelhaften Fahrverhalten ersetzt.

Modell	Produktionsdauer	Gesamtproduktion
100	1952–56	14667 Ex.
100 Six	1956–59	14976 Ex.
3000	1959–61	13650 Ex.
3000 MK II	1961–64	11563 Ex.
3000 MK III	1964–67	16712 Ex.

A C

Die Initialen AC glänzten schon seit langem an der Spitze der alphabetischen Namenslisten britischer Automobilfirmen. Seit 1904 führte AC allerdings ein eher dürftiges Schattendasein, bis zum Tag, an dem der

Nur geringfügige Veränderungen an der Karosserie seit dem ersten Austin Healey 100, Baujahr 1952 und dem 3000 Mark III von 1964.

Rennwagenkonstrukteur John Tojeiro seine Dienste anbot. Aus der Zusammenarbeit AC – Tojeiro ging 1953 die auf der Londoner Ausstellung vorgeführte Rennbarketta mit Einzelradaufhängung hervor, deren Karosseriestil von Touring inspiriert war und die von einem alten, 85 PS leistenden 2 Liter-AC-Sechszylinder angetrieben wurde. Es war der erste Versuchs-Prototyp für den AC-Ace, der 1954 erschien. Dieser Versuchs-AC erhielt nach dem ersten AC-Sechszylinder einen Bristol-Motor mit gleicher Zylinderzahl (2 l/105 – o. 128 PS), und als Bristol seine Motorenfabrikation einstellte, entschied sich AC für einen 2,6 Liter-Sechszylinder Ford »Zephyr«.

Ab 1954 erschien neben dem besonders gelungenen Roadster Ace ein »Aceca« genanntes Coupé mit der gleichen Mechanik. 1957 erhielten beide Modelle, Roadster und Coupé, Scheibenbremsen an den Vorderrädern.

Der Greyhound, ein 1959 in London vorgeführtes, vom Aceca abgeleitetes Coupé, stellte mit seinen Schraubenfedern vorne, anstelle der Querblattfedern und Scheibenbremsen an den Vorderrädern, eine Etappe in der technischen Entwicklung dar. Um zwei Sitze im Fond unterzubringen, war der Radstand um 25 cm verlängert worden, und der Rahmen bestand, zwecks größerer Steifigkeit, aus Rohren quadratischen Querschnitts.

Aber alle diese anziehenden britischen Sportwagen blieben in ihrer Heimat und es bedurfte der Initiative eines Texaners, um den Geschicken der Firma AC eine entscheidende Wende zu geben. Caroll Shelby, Le Mans-Sieger 1959 auf Aston Martin (mit Roy Salvadori), kam auf die Idee, einen amerikanischen 4,2 Liter-V8 (260 cu. in.) in ein AC-Fahrgestell einzubauen. So entstand 1962 der erste Cobra. Bald darauf erhielt der Cobra einen 4,7 Liter-Motor mit dem die Leistung auf 300 PS anstieg (plus 20 PS) und eine Zahnstangenlenkung, um diesen Boliden besser beherrschen zu können. Aber das veraltete AC-Chassis wurde der sportlichen Bestimmung des Fahrzeugs immer weniger gerecht. 1965 vollzog sich daher die dritte Entwicklungsetappe des Cobra-Fahrwerks, das jetzt über vier einzeln aufgehängte Räder und Schraubenfedern verfügte. Die nach Europa exportierten Modelle behielten den Motor Typ 289 (4,7 l), während die Amerikaner versuchten, die 425 PS ihres 7 Liter großen Triebwerks zu meistern. Da die englische Version unter der Typenbezeichnung »AC 289 Sports« verkauft wurde, stand nur der amerikanischen Variante der vielsagende Name »Cobra« zu. Allerdings setzten die immer strengeren Umweltschutz-Maßnahmen einen Schlußstrich unter die originelle Initiative AC-Shelby.

Modell	Produktionsdauer	Gesamtproduktion
Ace	1953–63	727 Ex.
Aceca	1954–62	329 Ex.
Greyhound	1959–63	82 Ex.
Cobra 260	1962–63	76 Ex.
Cobra 289	1963–64	544 Ex.
AC 289 Sports	1966–68	27 Ex.
Cobra 427	1965–67	356 Ex.

DAIMLER

Wenn man die nüchternen, schmucklosen Limousinen betrachtet, die Daimler in den 50er Jahren baute,

Unter der schlanken Karosserie des AC Cobra verbirgt sich ein großer V 8.

47 AC 93
CARROLL SHELBY MOTORS

kann man sich schlecht vorstellen, daß das alteingesessene Werk in Coventry eines schönen Tages ein völlig aus der Reihe fallendes Cabriolet herausbringen würde. Die Amerikaner, für die das neue Modell ursprünglich bestimmt war, erlebten anläßlich der Ausstellung in New York 1959 als erste die Überraschung. In dem Bestreben, der amerikanischen Kundschaft zu gefallen, hatte Daimler einen V8 mit 90°-Winkel, einem Hubraum von 2,5 Litern und einer einzelnen, in der Mitte des V gelegenen Nockenwelle entwickelt. Der Block war aus Gußeisen und der Zylinderkopf aus Leichtmetall. Die bei 5800/min abgegebene Leistung von 140 PS konnte sich umso mehr sehen lassen, als dieser neue Motor im Fahrbetrieb besonders wirtschaftlich war.
Wie schon oft, verdiente auch hier nur das veraltete Längsträgerchassis mit seiner an Blattfedern aufgehängten hinteren Starrachse Kritik. Die vier Scheibenbremsen versöhnten allerdings wieder etwas mit den Schwächen des »SP 250« getauften Cabriolets, nachdem die ursprünglich gewählte Bezeichnung »Dart« abgelehnt worden war.
Die Kunststoff-Karosserie war höchst originell und blieb, ohne wirklich als schön bezeichnet werden zu können, ziemlich einzig in ihrer Art. Trotzdem konnten sich die Daimler keinen Platz auf dem Sportwagensektor sichern, den die Austin Healey beherrschten. Es muß hinzugefügt werden, daß bei Jaguar, der Firma, in der Daimler 1961 aufging, natürlich nichts unternommen wurde, um dem Daimler-Cabrio, das eine Konkurrenz für die eigenen Cabriolets gewesen wäre, auf die Sprünge zu helfen.

MORGAN

Ein Überblick über die in diesem Buch aufgeführten großen Namen der GT-Produktion, die um die Jahrhundertmitte ihre Blütezeit erlebten, zeigt das konstante Bemühen, sich auf dem neuesten Stand technischer und stilistischer Entwicklung zu halten, und jede Schwankung der Marktlage oder der Mentalitäten unverzüglich aufzuspüren.
Als Abschluß sei hier eine Firma vorgestellt, die sich immer abseits der Modetendenzen, der Meinungsverschiedenheiten und der diversen Zeiterscheinungen gehalten hat. Seit 1936 verkauft Morgan das gleiche Auto, und sein Bestellbuch ist über Jahre hinaus gefüllt. Dieser Morgan ist ein Phänomen! Er wird immer noch handwerklich nach altüberlieferten Methoden hergestellt, neben denen alle »Nachbildungen« wie mißlungene Kopierversuche aussehen.
Der erste 4/4 erhielt nacheinander die Motoren Coventry Climax 1172 und Standard 1267, bevor die Produktion 1950 eingestellt wurde, die Morgan fünf Jahre später wieder aufnahm.
1950 erschien der »Plus 4«, ein äußerlich unverändertes Modell mit sportlicherem Charakter, das von einem 2,1 Liter-68 PS-Standard Vanguard-Motor angetrieben wurde. Während ab 1954 die in die Kotflügel integrierten Scheinwerfer und der konvexe Kühlergrill das Aussehen etwas modernisieren sollten, erbte der Plus 4 den 2 Liter-90 PS-Triumph-Motor. 1962 erhielt der Morgan Plus 4 serienmäßig den 2,2 Liter-104 PS-Motor des TR4.
Aber dieses ehrwürdige, unkomfortable Automobil, das schnell Überhitzungserscheinungen zeigte, war dennoch in der Lage, sich im Rennbetrieb mit der Konkurrenz zu messen, und zwar mit der von Lawrencetune präparierten, 125 PS leistenden Version »Plus 4 Super Sports«.
Es gab nur einen Versager in der Morgan-Firmengeschichte: Den »Plus 4 Plus«, ein konventionelles Coupé mit einer etwas schwerfälligen Karosserie, dem kein Erfolg beschieden war.
1968 wurde der Morgan Plus 4 vom Plus 8 abgelöst, der heute unter seiner unverändert gebliebenen, zeitlosen Karosserie einen V8 von Rover verbirgt.

Modell	Produktionsdauer	Gesamtproduktion
Plus 4	1950–68	4627 Ex.
Plus 4 Super Sports	1961–68	101 Ex.
Plus 4 Plus	1963–67	26 Ex.

Morgan ist ein Beweis dafür, daß schöne Automobile nie aussterben. Wenn ihr Fortbestand nicht durch die seltene Modellkonstanz einer Firma wie Morgan gesichert wird, sorgen alle passionierten Autofahrer für ihr Überleben: Die Wißbegierigen, die sie wiederfinden, die Geduldigen, die sie wiederherstellen, die Enthusiasten, die sie sammeln.

Einige, auf dem Kontinent in Vergessenheit geratene, echt britische GT-Modelle: Der seltene Daimler SP 250 (oben), das AC-Coupé Greyhound 1960 auf der Ausstellung in Paris (Mitte), das Morgan-Coupé »Plus 4 Plus« (unten) und der »Plus 4 Super Sports« während der 24 Stunden von Le Mans 1962 (kleines Bild oben).

Die französische Ausgabe ist dort erschienen
unter dem Titel
LES FABULEUSES VOITURES DE SPORT

ISBN: 3-613-01087-9

1. Auflage 1985

Satz: Vaihinger Satz + Druck GmbH
Druck: Berger-Levrault
Bindung: SIRC

Made in France

Achevé d'imprimer sur les presses de Berger-Levrault
à Nancy en octobre 1985
779691 – Dépôt légal octobre 1985
Imprimé en France